LOS TEMPLARIOS

Textos redactados
en colaboración con
Michèle Aué
Traducción de
Juan Gabriel López Guix

MSM

▲▲ *Jerusalén, iglesia de Santa Ana, en la vía Dolorosa. Construida en la primera mitad del siglo XII, se alza sobre una cripta que conmemora el nacimiento de la Virgen.*

▲ *Jerusalén, Cúpula de la Roca. Mezquita edificada entre 687 y 691 por el califa Abd al Malik.*

◀ *Jerusalén, iglesia del Santo Sepulcro.*

▶ *Fresco con la imagen de Constantino, procedente de la iglesia de Yilanli Kilise, en Göreme (Capadocia).*

«DEUS VULT...»

En 324 se descubre junto al Gólgota la tumba de Jesucristo, sobre la que el emperador Constantino manda edificar la rotonda de la Anastasis. Jerusalén se llena de santuarios y se convierte en el centro de peregrinación más importante de la cristiandad. Conquistada en 614 por los persas y ocupada por ellos hasta 629, la ciudad santa cae en 638 en manos de los soldados musulmanes, quienes conceden a los cristianos libertad civil y religiosa a cambio de un tributo anual. Sobre la explanada del templo de Salomón, considerada como lugar de la ascención del Profeta, los califas construyen la Cúpula de la Roca y la mezquita Al Aqsa, con lo que Jerusalén se convierte en la tercera ciudad santa del islam. Sin embargo, tras la campaña del emperador bizantino Juan Tzimisces, que retoma Cesarea en 975, las relaciones entre cristianos y musulmanes se deterioran, y en 1009 el califa fatimí Al Hakim manda incendiar el Santo Sepulcro. En 1055, los turcos, expulsados de Asia Superior por los mongoles, toman Bagdad y sacuden el Oriente Próximo musulmán. Tras vencer en 1071 a Bizancio en Mantzikert, invaden Anatolia. Ese mismo año, arrebatan Jerusalén a los fatimíes de Egipto y luego, en 1085, Antioquía a los bizantinos. Ante la incapacidad de Bizancio toma cuerpo en Occidente la idea de cruzada, esa guerra «justa» cuyo objetivo es la reconquista de los

Santos Lugares abandonados a los infieles. E incluso esa misma Iglesia que, fiel a su misión pacífica, instituía a fines del siglo X la paz y luego la tregua de Dios (para proteger a los débiles y limitar el tiempo de guerra de los caballeros capaces de exterminarse en luchas fratricidas) encuentra paradójicamente en el siglo XI, con la idea de cruzada, una salida para la violencia mal contenida de los *milites*: «Que vayan, pues, al combate contra los infieles los que hasta ahora se entregaban a guerras privadas. Que sean ahora caballeros de Cristo los que no eran más que bandidos». Con estas palabras, el papa Urbano II hace en Clermont, el 27 de noviembre de 1095, su llamamiento a la cruzada, la guerra santa que debía concluir con la reconquista de la Jerusalén terrestre y ofrecer la salvación a los fieles muertos en la batalla, abrirles las puertas de la Jerusalén celeste. Y es que en esa época en que el monacato representa el estado último de perfección espiritual, los valerosos *milites* –por revestidos que estén de la gloria de sus proezas guerreras, y muy agresivos en el combate– no dejan de sentir desasosiego ante su salvación, se obsesionan con la idea de la condenación eterna como castigo por la sangre derramada, la muerte causada con sus propias manos. Son numerosos los que se retiran a un monasterio al final de su vida. Con la cruzada, Urbano II les permite colocarse al servicio de Cristo sin vestir el sayal y conservando la espada.

▲ *Iglesia de Toulouges, detalle del pórtico. En el sínodo de Toulouges, en 1027, Oliba, obispo de Vic y abad de Sant Miquel de Cuixà y Ripoll, prohíbe luchar el domingo. Inaugura así la tregua de Dios, que el concilio de Arlés impone en 1041 desde la tarde del miércoles hasta la mañana del lunes y durante los períodos litúrgicos.*

▼ *Charroux, abadía del Salvador. En 989 se celebra en ella un sínodo que instituye la paz de Dios, que prohíbe saquear las iglesias, así como atacar a campesinos y clérigos desarmados.*

 «Urbano II predicando
ı cruzada en Clermont en
resencia del rey de Francia
'elipe I», de Jean Fouquet,
Chronique de Saint-Denis,
iglo XV.

• El ribat de Monastir,
n Túnez. En el siglo IX
xisten en el mundo
nusulmán los ribats,
nonasterios fortaleza
cupados por monjes
uerreros («al murabitun»)
ue dividen su tiempo entre
ı plegaria y el combate.
os «al murabitun» dieron
ombre a los almorávides,
ue se imponen en España
ı el siglo XI.

Algunas fechas

1119

Fundación en Jerusalén de la orden de los Pobres Caballeros de Cristo.

1128

El concilio de Troyes aprueba la orden del Temple y su regla.

1139

Inocencio II exime al Temple de toda tutela episcopal y del pago de ciertos diezmos.

1150

Toma de Gaza por los templarios.

1153

Muerte de 40 templarios y su maestre en Ascalón.

1177

Victoria de Balduino IV y los templarios en Montgisard ante Saladino.

1187

Batalla de Hattin.

1244

Pérdida definitiva de Jerusalén. Batalla de La Forbie.

1250

Batalla de Mansura.

1291

Caída de Acre. Pérdida de los Estados latinos de Oriente.

1307

Detención de los templarios de Francia.

1310

Son quemados vivos por herejes 54 templarios.

1312

Clemente V suprime el Temple.

1314

Muerte en la hoguera del maestre Jacobo de Molay y de Godofredo de Charnay.

◄ Raimundo IV de Saint-Gilles, conde de Tolosa, tomando la cruz, museo de los Agustinos, Tolosa.

► Conquista de Jerusalén, museo de la Historia de Francia, Versalles. La ciudad cae el 15 de julio de 1099: «Se produjo tal carnicería qu[e] los nuestros caminaban con sangre hasta los tobillos», relata la Gesta francorum.

▼ Toma de Antioquía, museo de la Historia de Francia, Versalles. Los cruzados se apoderan de la ciudad en 1098.

◄ Jerusalén, excavaciones de la ciudad de David dominada por la mezquita Al Aqsa (Lejana). Erigido en el siglo VII es, según el islam, el santuario más lejano al que acudió Mahoma. En el siglo XI, los reyes francos lo transforman en palacio.

► Balduino II, museo de l[a] Historia de Francia, Versalles. Primo de Godofre[do] de Bouillon y de Balduino [I,] se convierte en rey de Jerusalén en 1118. Es encarcelado por los turcos tr[as] la caída de Tiro, en 1124.

LA FUNDACIÓN DE LA ORDEN DEL TEMPLE

Respondiendo a la llamada de Urbano II, se lanza hacia Jerusalén una primera tropa guiada por Pedro el Ermitaño. La sigue, poco después, la cruzada de los barones, que se atasca durante varios meses a las puertas de Jerusalén. Por fin, el 15 de julio de 1099, la ciudad es tomada, y su población, asesinada. Tras la victoria de Ascalón el 12 de agosto de 1099, casi todos los barones abandonan Palestina; dejan un pequeño contingente en los recién creados Estados latinos de Oriente, donde enseguida se convierte en una prioridad la defensa y acogida de los peregrinos. En 1113, el papa Pascual II aprueba la orden del Hospital de San Juan de Jerusalén, encargada del alojamiento de los «viajeros de Dios». Poco después, en 1119, el caballero Hugo de Payns y su compañero Godofredo de Saint-Omen fundan la orden de los Pobres Caballeros de Cristo para defender a los peregrinos en Tierra Santa y proteger sus caminos. El nuevo rey de Jerusalén les cede un ala de su palacio, instalado en la mezquita Al Aqsa, en el emplazamiento del antiguo templo de Salomón. Los templarios, caballeros y monjes a un tiempo, adoptan los rituales de los canónigos regulares del Santo Sepulcro y pronuncian sus votos ante Gormondo, patriarca de Jerusalén. En 1127, Hugo de Payns y cinco hermanos regresan a Occidente para obtener la confirmación de la Orden del papa Honorio II. En enero de 1128, el concilio de Troyes, presidido por el cardenal Mateo de Albano, legado pontificio, aprueba la orden del Temple, a la que se da, en presencia de Esteban Harding, abad de Cîteaux, una nueva regla influida por la de san Benito. En su llamamiento a la cruzada en 1095, Urbano II había reivindicado la llegada de los «caballeros de Cristo». Y en su *De laude novae militae (Elogio de la nueva milicia templaria)*, escrito entre 1130 y 1136, Bernardo de Claraval describe el ideal de los monjes soldados que concilian la vida militar y la vida monacal. Nacida de esa doble exigencia, la orden del Temple se ve confirmada en 1139 por la bula *Omne datum optimum* del papa Inocencio II. El pontífice la dispensa, en parte, de pagar diezmos y la coloca bajo su protección directa, eximiéndola de toda jurisdicción episcopal. Afluyen entonces las donaciones, procedentes del conjunto de la cristiandad. En Tierra Santa, los templarios enseguida forman una milicia permanente encargada de defender los Estados latinos. En Occidente, participan en las grandes batallas de la reconquista cristiana de la península Ibérica contra los musulmanes; en otras partes, sus encomiendas, inmensas explotaciones señoriales que producen trigo, cebada, vino, aceite, lana y ganado, suministran los recursos necesarios para los gastos militares (expediciones a ultramar, pertrechos y sustento de los caballeros, construcción de fortalezas, etc.).

▲ *San Bernardo, retablo de Claraval, museo de Bellas Artes de Dijon. Nacido en 1091 en el seno de una familia noble de Borgoña, Bernardo se hace monje en Cîteaux, en 1112. Es nombrado abad de Claraval en 1115 y dirige esa abadía hasta su muerte, en 1153. Aunque colocada bajo el signo de la austeridad y el rigor monástico, la orden cisterciense se implica en las grandes cuestiones temporales de los siglos XII y XIII.*

▶ *Perusa (Italia), fresco de la iglesia templaria de San Bevignate, siglo XIII. Representados con el hábito blanco conventual en una casa de la orden en Tierra Santa, los templarios son amenazados por un león. La escena puede simbolizar su lucha contra el islam, o recordar que sólo les estaba permitido cazar ese animal.*

«Es en verdad un soldado intrépido y seguro por todas partes, puesto que su alma está cubierta por una coraza de fe como su cuerpo está cubierto por una coraza de hierro. Protegido por esta doble armadura, no teme a los demonios ni a los hombres, como tampoco teme a la muerte, antes la desea. [...] ¡Alégrate, valeroso atleta, si vives y vences en el Señor, pero exulta y regocíjate más si mueres y te unes a Él.»

(Bernardo de Claraval, *Elogio de la nueva milicia templaria*)

▲ *Iglesia templaria de la Vera Cruz, Segovia, siglo XIII. El templo tiene una planta dodecaédrica y un edículo interior de dos pisos. Solicitados por los reyes de Portugal, Castilla y Aragón, los templarios participan en la reconquista de la península Ibérica.*

▼ *Primera página de la regla latina de la orden del Temple.*

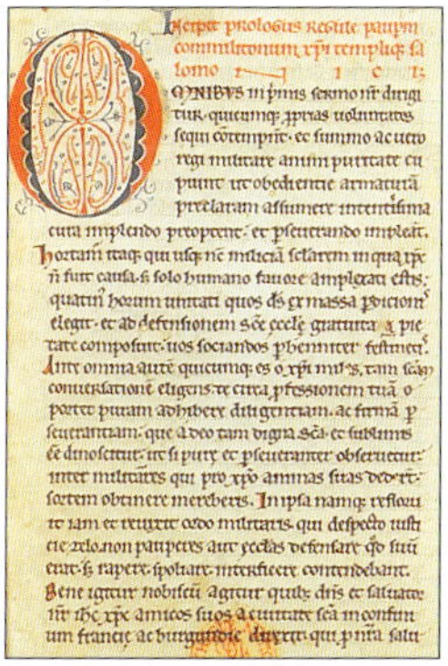

Incipit prologus regule paupm commilitonum xpi templiq; salomo

Sanciones disciplinarias

Pérdida de la casa

La pérdida de la casa o exclusión de la Orden es la pena más grave. Sanciona a los hermanos culpables de simonía, huida, traición, conspiración, robo, cobardía, no proteger el gonfalón, faltar al secreto del capítulo, asesinar a un cristiano, practicar la sodomía, hacer causa común con otro hermano, estar en desacuerdo con el código romano.

Pérdida del hábito

La pérdida del hábito por un año y un día sanciona a los hermanos que se niegan a obedecer, se pelean entre ellos, frecuentan mujeres, calumnian falsamente a otro hermano, golpean a un cristiano, hieren o matan a un esclavo, hieren o matan un caballo o un animal de carga, pasan dos noches fuera de la casa, bajan sin razón válida el gonfalón durante el combate, se dan al placer de la caza, rompen la «bola» del maestre (es decir, la bula, el sello del Temple)... El hermano que pierde el hábito del Temple tiene que entrar en una orden dependiente de la regla de san Benito o san Agustín. En ningún caso puede ser admitido en otra orden militar.

Otras sanciones

Pérdida del hábito durante tres días con ayuno, ayuno de uno o dos días, con tareas o sin ellas.

▲ *Voulaines-les-Templiers, torre de la encomienda. Los templarios están muy presentes en el Châtillonnais; además de Voulaines, poseen las encomiendas de Épailly, Bissey-la-Côte y Bure.*

◀ *Perusa (Italia), fresco de la iglesia templaria de San Bevignate. El estandarte de la Orden se llama balza. Es bicolor, argén y sable (blanco y negro). Durante las batallas es llevado por el maestre, el mariscal o su asistente, y los caballeros no deben abandonarlo bajo ninguna circunstancia. Cuando no se lucha, el encargado de su custodia es el gonfalonero.*

◀ *Arville, granja dezmera y palomar de la encomienda. En el siglo XIII, el Temple posee más de nueve mil casas (fortalezas y encomiendas) implantadas en las provincias occidentales (Provenza, Francia, Poitou, Borgoña, Inglaterra, Aragón, Portugal, Apulia, Hungría) y las provincias orientales (Jerusalén, Trípoli, Antioquía). Al mando de cada provincia, el comendador de la tierra nombra los comendadores de región, que dirigen varias casas.*

UNA SÓLIDA ORGANIZACIÓN

En la cima de la jerarquía del Temple en encuentra el maestre, que vela por el respeto a la disciplina. Los hermanos le deben obediencia. Para las decisiones importantes, consulta a los dignatarios de la Orden en el capítulo general, donde sólo posee una voz. El senescal lo sustituye en caso de ausencia. El mariscal dirige los ejércitos. El comendador de la tierra de Jerusalén es el tesorero. Al pañero se confía la intendencia. El comendador de la ciudad de Jerusalén organiza la defensa de las rutas de peregrinación. A estos dignatarios se añaden los comendadores de Trípoli, Antioquía y las provincias occidentales. Los caballeros, surgidos de la nobleza, están asistidos por sargentos, entre los que se cuentan el submariscal, el abanderado, el cocinero y el herrero. Los turcoples forman las tropas ligeras. Los capellanes, sacerdotes de la Orden, dependen de la Santa Sede. Los hermanos de oficio desempeñan las tareas materiales. Los caballeros hacen voto de pobreza, castidad y obediencia. Asisten a los oficios y recitan padrenuestros en las horas canónicas. Deben realizar ayunos y comen dos en la misma escudilla. Llevan la capa blanca con la cruz paté roja. Su equipo de campaña se compone de montura, cota de malla, yelmo, calzado de hierro, escudo, lanza, maza, puñales y espada.

▲ *Predicación de la segunda cruzada por san Bernardo en Vézelay, museo de la Historia de Francia, Versalles. En la Pascua de 1146, el sermón de Bernardo de Claraval despierta el entusiasmo de los fieles. «Tomad esta cruz... vale el Reino de los Cielos.» Esta nueva cruzada es asimilada a un acto de penitencia o a una acción de gracias, más que a una expedición militar.*

▶ *El castillo de Calatrava. Tras su conquista, esta fortaleza musulmana es confiada a los templarios en 1147. Más tarde, en 1158, el abad cisterciense de Fitero funda en ella una nueva fraternidad de monjes y caballeros, origen de la orden militar de Calatrava, confirmada en 1164 por el rey Alfonso III de Castilla.*

▲ *Cressac, capilla de la orden del Temple. Los frescos recuerdan la vocación militar de los templarios. Aunque su misión inicial es proteger a los peregrinos en Palestina, enseguida se convierten en defensores armados de los Estados cristianos contra los musulmanes.*

▼ *Chinon, fresco de la iglesia de Santa Radegunda que representa a Leonor de Aquitania.*

UNA CRUZADA POR EDESA

La caída de Edesa en 1144 se encuentra en el origen de la segunda cruzada, que Bernardo de Claraval predica en 1146, en Vézelay, y para la que consigue la adhesión del rey de Francia Luis VII, su esposa Leonor y el emperador alemán Conrado III. En ella desempeña un papel destacado el templario Everardo de Barres, comendador de la tierra de Francia elegido maestre de la Orden en abril de 1147. En el capítulo general que reúne en París en presencia del papa Eugenio III el 27 de abril, los ciento treinta templarios presentes se juramentan y lucen por primera vez sobre sus mantos blancos la cruz roja que el pontífice les ha concedido como blasón. Y, cuando las tropas reales son asaltadas por los turcos en los desfiladeros de Pisidia en Asia Menor, Luis VII tiene la fortuna de contar con la protección del Temple. Sin embargo, la segunda cruzada fracasa ante Damasco en 1148; y, en 1149, el condado de Edesa vuelve a las manos del sultán Nur al Din. Con todo, el Temple refuerza su hegemonía en Oriente al tomar Gaza en 1150. Bernardo de Tremelay, el nuevo maestre, y una cuarentena de templarios participan en el sitio de Ascalón en 1153 junto a Balduino III, rey de Jerusalén. Son los primeros en entrar en esa ciudad costera y se sospecha de ellos que han querido apropiársela. Sin embargo, los turcos, que regresan en gran número, acaban con todos ellos. Balduino III toma la ciudad poco después.

▲ *El krak de los Caballero[s]. Este castillo, construido po[r] los musulmanes en una cumbre de las montañas Ansariyya, en Siria, es conquistado por los templari[os] en 1098, antes incluso qu[e] Jerusalén. Es cedido por el conde de Trípoli a la orden militar de los hospitalarios quienes lo transforman en una enorme ciudadela capaz de resistir el asedio d[e] los ejércitos de Saladino.*

◀ *La fortaleza de Belvoir, en Tierra Santa. Construid[a] por Fulco de Anjou en 116[…] pasa a manos de los hospitalarios hacia 1198.*

▲ *Guido de Lusignan, museo de la Historia de Francia, Versalles. Balduino IV, el joven rey leproso de Jerusalén, quiere asegurar al reino un sucesor capaz de oponerse a Saladino. A su muerte, nombra como regente a Raimundo III de Trípoli. Sin embargo, Guido, esposo de Sibila, hermanastra de Balduino, toma el poder en 1186.*

▼ *El lago de Tiberíades. En 1187, Raimundo III de Trípoli permite el paso del ejército de Saladino por el principado de Tiberíades para que realice una incursión de un día contra el señorío de Acre en represalia por el ataque de Reinaldo de Châtillon a una caravana egipcia.*

EN LUCHA CONTRA SALADINO

En 1174, el sultán Salah al Din Yusuf, llamado Saladino, reúne bajo su autoridad las tierras musulmanas de Egipto y Siria, con lo que amenaza los Estados latinos de Oriente. A pesar de encontrarse roído por la lepra, el rey de Jerusalén Balduino IV consigue en 1177 sobre él, con ayuda de los templarios, la brillante victoria de Montgisard. A su muerte, en 1185, designa como regente a Raimundo III, conde de Trípoli. Sin embargo, la corona recae sobre el cuñado de Balduino, Guido de Lusignan, hombre mediocre apoyado por el nuevo maestre del Temple, Gerardo de Ridefort, lleno de odio hacia Raimundo III. En este contexto, en 1187, un caballero franco, Reinaldo de Châtillon, ataca una caravana egipcia. Saladino exige reparación, y Raimundo III debe dejar pasar siete mil mamelucos que realizan una incursión sobre Acre. Ridefort intenta un contraataque en Casal Robert, donde perecen ciento cuarenta templarios. Declarada una guerra abierta, Saladino sitia Tiberíades. Bajo los consejos de Ridefort, Lusignan recluta un ejército de treinta mil hombres. Sin embargo, empujados por la sed, el 4 de julio de 1187, los soldados francos alcanzan el monte Hattin –único punto de agua de la región–, donde son rodeados. Lusignan muere, y Jerusalén cae el 3 de octubre de 1187. Saladino matará a los templarios capturados, excepto a Ridefort, del que se sospechará que abrazó el islam.

▲▲ *El castillo de Tortosa. Los templarios ayudan a los reinos cristianos de la península Ibérica durante la Reconquista. En 1148, participan junto a Ramón Berenguer IV, conde de Barcelona, en la toma de Tortosa, donde fundan una encomienda.*

▲ *Las Navas de Tolosa. En julio de 1212, el Temple participa en esa victoria contra los almohades de Córdoba.*

▶ *El castillo de Gisors. Es erigido en 1097 por el hijo de Guillermo el Conquistador en la frontera del dominio capeto y el ducado normando. Durante los conflictos entre capetos y plantagenets, el castillo pasa a manos templarias en 1158. Enrique Plantagenet lo recupera en 1161. El rey de Francia Felipe Augusto se apodera de él en 1193.*

▲ *San Juan de Acre.*

▼ *La cruz de Caravaca. En 1266, tras la reconquista de Murcia, los templarios reciben Caravaca y se convierten en custodios de la famosa cruz. Este lignum crucis pertenecía al patriarca de Jerusalén y apareció milagrosamente en Caravaca en 1232. Se conserva en un relicario de doble brazo horizontal hecho de oro y piedras preciosas.*

LOS SOLDADOS DE LA FE

En 1190, Felipe Augusto y Ricardo Corazón de León encabezan la tercera cruzada. San Juan de Acre es reconquistado en julio de 1191 con ayuda de los templarios. Los francos refuerzan así su dominio sobre la costa, de Tiro a Jaffa. Roberto de Sablé, amigo de Ricardo Corazón de León, alcanza la jefatura de la orden del Temple en 1189. Él y su sucesor, Gilberto Erail, se dedican a fortificar el litoral. Refuerzan Tortosa y convierten San Juan de Acre en el principal enclave de la Orden. Sobre el promontorio de Atlit, erigen la fortaleza de Château Pèlerin. En Safita, el Chastel Blanc puede albergar a un millar de soldados. Beaufort, Arsuf y Baghras completan el dispositivo defensivo. Los templarios no son la única orden religiosa militar de Tierra Santa. Los hospitalarios se convirtieron en orden guerrera a partir de 1137. En 1198, algunos caballeros alemanes fundan la Orden Teutónica, con base en Montfort, al norte de Acre. En cuanto a los trinitarios de Juan de Matha, tienen como misión, desde 1198, liberar a los francos capturados por los sarracenos. En 1204, Inocencio III predica la cuarta cruzada. La codicia y la duplicidad veneciana empujan a los cruzados a conquistar Constantinopla. El descrédito es grande. Ni la victoria de las Navas de Tolosa en 1212, en España, ni la ocupación de Damieta, en Egipto, de 1219 a 1221, con ocasión de la quinta cruzada, lograrán borrar ese acto insensato.

▲ *La encomienda de Sainte-Eulalie-de-Cernon. En los «países de rendimiento», como Francia, la encomienda difería poco de la explotación agrícola señorial: se trataba de una gran granja gestionada con esmero; a menudo tenía forma de cuadrilátero y torres en las esquinas, una de las cuales albergaba la capilla. En cambio en la península Ibérica o Tierra Santa, el Temple estaba al mando de auténticas fortalezas.*

▼ *Aldea templaria de La Cavalerie. Dependía, como La Couvertoirade, de Sainte-Eulalie-de-Cernon. Situada en la agreste y aislada región de Larzac, fue fortificada por los hospitalarios a mediados del siglo XV.*

▲ *La Couvertoirade. En 1181, los templarios de Sainte-Eulalie reciben las tierras del «mas Aismar de La Cobertoirada». Instalan un importante centro de explotación agrícola con cuyos ingresos financian las expediciones de la Orden en Palestina. Erigen una fortaleza. En 1312, la aldea pasa a los hospitalarios, quienes la fortifican.*

▶ *El cementerio de los Caballeros en Ligné, Charente. Data del siglo XI. y alberga las piedras sepulcrales de setenta templarios.*

SUEÑOS QUE ACABAN

En 1228, el emperador Federico II de Hohenstaufen se embarca para la sexta cruzada. Tras concluir el tratado de Jaffa con Egipto, toma Jerusalén, de la que se proclama rey en 1229. No obstante, los conflictos internos socavan el Levante cristiano. En agosto de 1244, Jerusalén es reconquistada por los aliados del sultán de Egipto y, en octubre, los cruzados sufren en La Forbie, cerca de Gaza, una terrible derrota en la que cae prisionero el maestre del Temple, Armando de Périgord. Luis IX encabeza entonces la séptima cruzada. Se apodera de Damieta el 6 de junio de 1249 y luego se dirige hacia El Cairo. Haciendo caso omiso de las órdenes reales y con el apoyo de los templarios, el hermano de Luis, Roberto de Artois, ataca en febrero de 1250 la fortaleza de Mansura, al sudeste del delta del Nilo. El desastre militar es total. Luis IX intenta replegarse sobre Damieta, pero sus huestes, obstaculizadas por la crecida del Nilo y diezmadas por la disentería, acaban derrotadas. Muere el maestre del Temple Guillermo de Sonnac, y el rey es hecho prisionero. A cambio de su liberación, la reina de Francia Margarita de Navarra debe devolver Damieta y pagar un rescate. Envía a Joinville a solicitar ayuda financiera a los templarios. Y es que éstos, además de las riquezas acumuladas gracias a los ingresos de las encomiendas, hace tiempo que desempeñan el papel de banqueros de reyes, papas, comerciantes y peregrinos...

▲ *Villalcázar de Sirga, iglesia templaria. Detalle del sepulcro de doña Leonor Ruiz de Castro.*

▼ *Cesarea. Después de ser fenicia, griega, romana y bizantina, es conquistada por los árabes en 640. Los cruzados la toman en 1101. Saladino les arrebata la plaza en 1187. Retomada en 1228 y reforzada con una muralla por san Luis en 1251, la ciudad se somete a Baybars en 1265.*

▲ *Aigues-Mortes, murallas. San Luis crea este puerto en 1240-1241 para abrir el reino al Mediterráneo. Por él parte el rey hacia dos cruzadas, en 1248 y 1270. En esa época llegar al mar por el Grau du Roi parece una garantía de seguridad, pero el paulatino cegamiento de los canales produce el declive de la ciudad.*

◀ *Recepción de Jacobo de Molay en la orden del Temple, cuadro de Granet, museo Calvet, Aviñón. Procedente de la familia Longwy-Roah del Franco Condado, Jacobo de Molay entra en la orden del Temple hacia 1265. Elegido maestre en Chipre, a fines de 1292, sueña con emprender una nueva cruzada. Se negará a la fusión de su orden con los hospitalarios.*

LA PÉRDIDA DE LOS ESTADOS LATINOS

Tras la marcha de san Luis en 1254, los conflictos internos se reavivan en los Estados latinos de Oriente. La rivalidad entre los comerciantes italianos que abastecen a los cruzados –los genoveses apoyados por los hospitalarios, y los venecianos, por los templarios– conduce «el reino de Jerusalén a una extrema desolación», según el papa Alejandro IV. El sultán mameluco Baybars, dueño ya de Egipto, aprovecha para apoderarse de Cesarea, Arsuf, Jaffa y Antioquía, entre 1265 y 1268. En 1270, san Luis emprende desde Aigues-Mortes la octava cruzada. Se apodera de Cartago, pero la peste acaba con él delante de Túnez, el 25 de agosto. En 1271, Eduardo de Inglaterra no puede evitar la pérdida del Chastel Blanc de los templarios y del krak de los hospitalarios. Trípoli cae en 1288. Queda San Juan de Acre. Los doscientos mil soldados del sultán Al Ashraf lo sitian en abril de 1291. Ante la amenaza, Guillermo de Beaujeu, maestre de los templarios, y Juan de Villiers, maestre de los hospitalarios, se reconcilian. Será en vano. Ambos perecen en la defensa de la ciudad y, el 28 de mayo, la última torre de Acre, la torre Maldita, socavada en su base por el asalto de los musulmanes, se derrumba sepultando a templarios y mamelucos. Entre los que se salvan de esa jornada que marca el final de la existencia de los Estados latinos de Oriente se encuentra Jacobo de Molay, un joven templario que será elegido maestre de la Orden en 1292. Tras la caída de Acre, caen sin combate Tiro, Sidón y Tortosa, últimas plazas fuertes templarias. Los supervivientes abandonan Tierra Santa. Templarios y hospitalarios se refugian en la isla de Chipre, que se convierte en sede de las dos órdenes. En 1309, los hospitalarios conquistan la isla de Rodas, donde se instala su orden. Sin embargo, si bien el Hospital continúa asegurando su misión de acogida de peregrinos y enfermos, la orden del Temple, en lugar de concentrar sus esfuerzos contra los árabes en la península Ibérica, sólo sueña con reconquistar Tierra Santa. Muy poderosa en Occidente, sobre todo en Francia, pierde poco a poco su razón de ser. Jacobo de Molay se opone a la unión de los hospitalarios y los templarios en el seno de una misma orden, y el siglo XIV es para el Temple el siglo de la impopularidad. Se le envidian los privilegios –exención episcopal y del diezmo– y sobre todo su riqueza. Además de tierras y bienes diversos recibidos como gratificación, la Orden es depositaria de un tesoro bancario que la convierte en financiadora de reyes y rival de otros banqueros. El miedo a ser desvalijados por el camino hace que mercaderes, peregrinos, cruzados de sangre real o simples caballeros adquieran la costumbre de confiar en depósito al Temple los bienes que quieren llevarse a cambio de un certificado que presentan, a la llegada, en alguna de las casas de la Orden en ultramar.

▲▲ *Laon, capilla del Temple.*

◀ *Torre del castillo de Kolossi, Chipre. Tras ser expulsados de Tierra Santa en 1291, los templarios se refugian en su encomienda chipriota de Kolossi, que pasará en 1312 a manos de los hospitalarios. Éstos construirán la torre en 1454.*

▲▲ *Isla de Rodas, fortaleza de Monolithos, construida por los Caballeros.*

▲ *Isla de Rodas, Lindos, acrópolis y castillo de los Caballeros.*

◀◀ *La Madone de Fenestre, Saint-Martin-Vésubie. En el siglo XII, los templarios se instalan en el valle del Vésubie. Según la leyenda, construyen en el circo del Gélas una iglesia dedicada a san Martín en la que colocan una estatua de la Virgen. A principios del siglo XIV, son asesinados en su santuario por unos «exaltados». La aparición de una Virgen en la «fenêtre du Gélas» (una fisura en la roca del circo) ha dado lugar a una peregrinación.*

◀ *Rodas, calle de los Caballeros.*

▲ *Aviñón, palacio de los Papas. Elegido en 1305, Clemente V es el primero de los siete papas que se sucederán en Aviñón. Aunque en octubre de 1307 protesta contra la detención de los templarios de Francia, en noviembre ordenará a los príncipes de la cristiandad encarcelar a todos los templarios de sus dominios.*

▶ *Peñíscola. Por su participación en la toma de Burriana, Jaime I de Aragón dona en 1233 Xivert a los templarios, quienes en 1294 se adueñan de Peñíscola. Jaime II de Aragón se apodera de Xivert el 7 de diciembre de 1308 y de Peñíscola el 12. En 1319, Peñíscola se convierte en posesión de la orden de Montesa, y allí se refugia en 1411 el papa cismático, Benedicto XIII, conocido con el nombre de papa Luna.*

▲ *Narbona, fachada del ayuntamiento y torreón Aycelin. Gilles Aycelin, canciller del rey y predecesor de Nogaret, fue arzobispo de Narbona.*

▼ *El castillo de Najac. Fue construido en 1235 por Alfonso de Poitiers, hermano de Luis IX, sobre un promontorio que domina un meandro del río Aveyron. En él son encarcelados los templarios de Rouergue tras su detención en 1307.*

EL PROCESO DE LOS TEMPLARIOS

A finales del siglo XII, Felipe Augusto confía la custodia y la gestión del tesoro real a una de las principales casas del Temple en Francia, la de París, llamada «casa capitana». Sin embargo, Felipe IV el Hermoso crea, antes de 1295, un segundo tesoro en el Louvre y llama a banqueros italianos para que administren las finanzas reales. «Emperador en su reino», deseoso de afirmar su soberanía tanto en Flandes como ante el papa Bonifacio VIII, Felipe IV se rodea de consejeros leales, como el canciller Guillermo de Nogaret. Tras la derrota de la caballería francesa en Courtrai, en 1302, necesita dinero para financiar la guerra en Flandes. Adopta varias medidas para alterar la moneda, sube los impuestos y, en 1306, expulsa a los judíos de Francia y se apodera de sus bienes. De todos modos, nada hace presagiar la supresión de la orden del Temple a la que se ha confiado de nuevo, en 1303, la administración de las finanzas del reino. ¿Ha escuchado el rey a su consejero Nogaret, muy dispuesto a convertir a los templarios en responsables de la pérdida de Tierra Santa y a sugerir la confiscación de sus ingresos? En todo caso, el 13 octubre de 1307, tiene lugar, gracias a una operación policial preparada con mano maestra y en el mayor de los secretos, la detención simultánea en sus encomiendas de todos los templarios de Francia bajo «violentas suposiciones y sospechas» de apostasía, ultraje a la persona de Cristo, ritos obscenos, sodomía e idolatría. En otoño, en París, ciento treinta y ocho templarios, torturados por los oficiales del rey, son interrogados por la Inquisición. Sólo tres niegan. En verano de 1308, otros setenta y dos comparecen ante el papa Clemente V en Poitiers y confirman las confesiones de 1307. Sin embargo, al ser interrogados en París en agosto de 1309 por una comisión eclesiástica, el maestre Jacobo de Molay niega las acusaciones y Ponsard de Gisy, comendador de Payns, denuncia el uso de la tortura. Tras ellos, varios templarios se retractan. En mayo de 1310, el nuevo arzobispo de Sens, Felipe de Marigny, pariente del rey, hace quemar por relapsos a cincuenta y cuatro templarios que revocan sus «confesiones». Y en el concilio de Vienne, en 1312, Clemente V suprime, a instancias de Felipe el Hermoso, la Orden del Temple con la bula *Vox in excelso.* Por medio de otra bula, *Ad providam,* confía sus bienes a los hospitalarios. En marzo de 1314, los cuatro últimos dignatarios de la Orden, el maestre Jacobo de Molay, Hugo de Pairaud, visitador de Francia, Godofredo de Charnay, preceptor de Normandía, y Godofredo de Gonneville, preceptor de Poitou, son condenados a perpetuidad tras confesar los crímenes de los que son acusados. Sin embargo, dado que se retractan y proclaman con dignidad su inocencia, Jacobo de Molay y Godofredo de Charnay son quemados vivos el 11 de ese mismo mes cerca del Jardín Real, en París.

◀ *Domme, puerta de las Torres, inscripción templaria.* *.as torres de la puerta ortificada de la bastida de)omme, fundada por Felipe el Atrevido en 1280, sirvieron de risión a setenta templarios. En los muros, los prisioneros an dejado inscripciones; lgunas son muy explícitas, omo las imprecaciones ontra el rey Felipe el Hermoso y el papa Clemente /, o las representaciones de Cristo en la cruz.*

▸ *Fontfroide, claustro.* *Arnaldo Nouvel, elegido abad le Fontfroide en 1297, es levado a la dignidad de ardenal en 1310. Participa, on los cardenales Nicolás le Fréauville y Arnaldo de Auch, en el proceso a los uatro últimos grandes lignatarios del Temple. Sin embargo, Nouvel no prueba la sentencia del 14 le marzo de 1314 ni la osterior ejecución. El rey de Francia no se lo perdonará, asta el punto de oponerse dos ños más tarde a su elección ara la silla de san Pedro. Nouvel muere en Aviñón n 1317, poco después de se fracaso. Llevado a Fontfroide, su cuerpo es epultado bajo el altar nayor de la iglesia abacial.*

◀ *El castillo de Ponferrada.* *En 1178, Fernando II, rey le Asturias y León, invitó a os templarios a que se nstalaran en las orillas del Sil para que controlaran la ona del Bierzo y protegieran los peregrinos del camino lel Compostela. En 1308, Fernando IV de Castilla, ue mantenía buenas elaciones con la orden del Temple, pide pacíficamente l maestre Rodrigo Yáñez ue devuelva a su madre, María de Molina, los veinte astillos templarios de su eino y, entre ellos, Ponferrada.*

◀ *El castillo de Miravet.* *A su muerte, Alfonso I el Batallador lega los reinos de Aragón y Navarra a los templarios y los hospitalarios. Sin embargo, dicho testamento no se ejecutará nunca. En Cataluña, Miravet pasa a manos templarias en 1153, pero debido a una donación del conde de Barcelona, Ramón Berenger IV. Del 13 de diciembre de 1307 al 12 de diciembre de 1308, Jaime II de Aragón asedia el castillo. Y los templarios se lo devuelven tras negociar su rendición.*

Otras órdenes militares

Hospitalarios

La orden del Hospital de San Juan de Jerusalén, aprobada por el papa en 1113, pasa a ser militar en 1137. Radicada en Chipre tras 1291, en Rodas entre 1310 y 1522 y en Malta hasta 1800, hoy su sede está en Roma.

Calatrava

Orden fundada en 1158 por el abad de Fitero para defender Calatrava. Aprobada por el papado en 1164, se incorpora al Cister en 1186.

Avis

Orden fundada en 1162 e incorporada a Calatrava en 1180. Conquista Avis en 1211, donde instala su sede en 1213.

Santiago

Orden fundada en 1170 en Cáceres y colocada bajo la tutela del arzobispo de Compostela. Adopta como centro Uclés en 1174. El papa la aprueba en 1175.

Alcántara

Orden fundada en 1183 por el abad de San Julián de Pereiro. Incorporada a Calatrava, recibe en 1218 el castillo de Alcántara.

Montesa

Orden afiliada al Cister, creada en 1317 para suceder al Temple en Aragón.

Cristo

Orden incorporada al Cister, fundada en Portugal en 1319 para suceder al Temple.

Teutónica

Fundada por los cruzados alemanes en Acre, reconocida por el papa en 1199, esta orden se instala en Prusia en 1230.

◀ *Figura yacente de un caballero de la orden de Santiago, Vilar de Donas, Lugo.*

▶ *Tomar, Portugal. Antigua posesión templaria, Tomar se convierte en 1356 en sede de la orden de Cristo.*

▼ *Isla de Malta, La Valeta, hospicio de Verdelin. En 1565, tras asediar Malta durante cuatro meses, los turcos se baten en retirada. Vencedor, el gran maestre de los Caballeros, Juan Parisot de la Valeta, hace edificar una ciudad que llevará su nombre.*

◀ *Avis. Hijo ilegítimo del rey de Portugal Pedro I, Juan entra en la orden de Avis, de la que se convierte en gran maestre. A la muerte del rey Fernando su hermano, Juan acaba con las pretensiones castellanas sobre Portugal y es aclamado rey en 1385. El fundador de la dinastía de Avis, que reinará durante dos siglos.*

◀ *Isla de Malta, Vittoriosa, puerta de Provenza.*

▶ *La fortaleza de Almourol, Portugal. Los templarios la erigen en 1171 sobre una isla del Tajo.*

EL DESTINO DE LAS DEMÁS ÓRDENES

En 1312, los hospitalarios reciben los bienes de la abolida orden del Temple salvo en la península Ibérica, donde la orden de Montesa, fundada en el reino de Valencia y aprobada en 1317 por el papa Juan XXII, y la orden de Cristo, fundada en Portugal y aprobada en 1319 por el mismo pontífice, son las sucesoras legítimas de los templarios. Estas ordenes continúa la Reconquista junto a las demás órdenes militares autóctonas fundadas en el siglo XII, las de Calatrava, Alcántara, Avis y Santiago. La isla de Rodas, sede de la orden de los hospitalarios desde 1310, constituye en el Mediterráneo un avanzado baluarte cristiano frente a los turcos otomanos. Sin embargo, en 1522, el sultán Solimán el Magnífico consigue conquistar la isla. En 1530, los hospitalarios obtienen del emperador Carlos V la isla de Malta, desde la que continúan la lucha contra los turcos, y participan en la batalla de Lepanto en 1571. En cuanto a la orden Teutónica fundada en Acre con ocasión de la tercera cruzada, lucha en Prusia en 1230 contra los pueblos paganos del Báltico y se convierte en dueña de un principado hasta el siglo XVI. Al lado de las órdenes combatientes, otras órdenes religiosas se dedican a la liberación de los cristianos cautivos entre los musulmanes; así, imitando la orden de los trinitarios creada a fines del siglo XII, Pedro Nolasco y Raimundo de Peñafort fundan en Barcelona la orden de la Merced o de los mercedarios en 1223.

▲▲ *Roquemaure, ruinas del castillo. Aquí fallece, en la noche del 19 al 20 de abril de 1314, el papa Clemente V a la edad de cincuenta y cuatro años.*

▲ *La colegiata de Notre-Dame de Uzeste. El papa Clemente V está enterrado aquí, de acuerdo con sus deseos.*

◀ *El Temple en París, museo Carnavalet. En París, la «casa capitana» de los templarios sirve en los siglos XIII y XIV como almacén del tesoro real. Tras 1312, pasa a manos de los hospitalarios. En el siglo XVIII, esos últimos se han alejado de su vocación militar: el príncipe de Conti, gran prior de la Orden, escucha tocar al pequeño Mozart en el salón del Temple y acoge a Rousseau perseguido. Durante la Revolución, la familia real será encarcelada en el Temple, cuya torre del homenaje se destruirá en 1808.*

¿UN MISTERIO TEMPLARIO?

Al proclamar en la hoguera su fe en Dios, su inocencia y la noble misión de su Orden, Jacobo de Molay y Godofredo de Charnay marcaron profundamente la memoria colectiva de su época. ¿Lanzó de verdad Jacobo de Molay una terrible maldición emplazando al papa y al rey de Francia «a comparecer en el curso del año ante del tribunal de Dios»? Nadie puede probarlo. Sin embargo, la muerte de Clemente V en Roquemaure, el 20 de abril, y luego la de Felipe el Hermoso el 29 de noviembre de 1314 en Fontainebleau turbaron los espíritus. La leyenda y el mito se apoderaron de la historia de los templarios y suministraron los ingredientes necesarios para el florecimiento de un esoterismo que algunos han querido lo más arcano posible. Se ha buscado un sentido oculto en las inscripciones de los muros de los calabozos, sin ver en ellas el estremecedor testimonio de unos hombres que temían la atroz muerte de los torturados. Y es que el extraño dios Bafometo, supuestamente adorado por los templarios, no fue invocado en las sesiones de tortura donde la confesión libraba del dolor al ofrecer a los inquisidores la cómoda acusación de herejía. No hubo ningún secreto en esa orden regida por una regla estricta, que no excluía por supuesto las desviaciones individuales. Tampoco hubo tesoro oculto entre esos banqueros perspicaces y esos valientes caballeros.

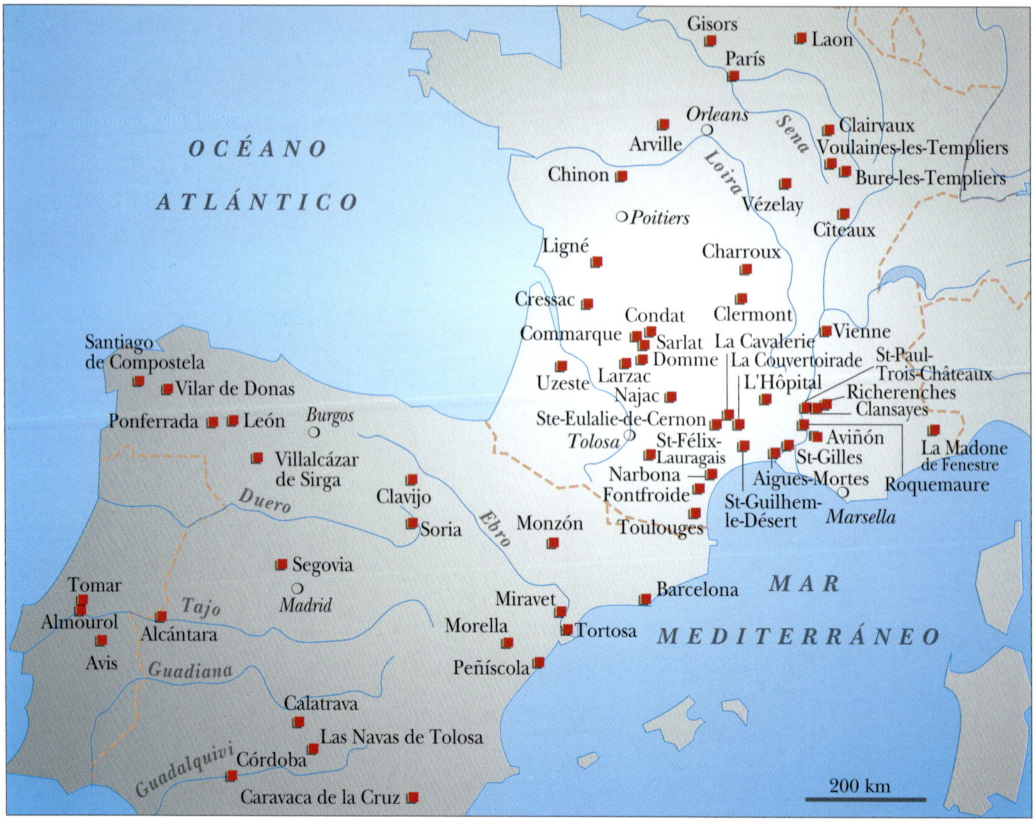

ÍNDICE

- «Deus vult...» 3
- La fundación de la orden del Temple 7
- Una sólida organización 11
- Una cruzada por Edesa 13
- En lucha contra Saladino 15
- Los soldados de la fe 17
- Sueños que acaban 19
- La pérdida de los Estados latinos 21
- El proceso de los templarios 25
- El destino de las demás órdenes 29
- ¿Un misterio templario? 31